# Cinco

## marcas

## de un

## metodista

«*Steve Harper va al corazón mismo de la
fidelidad cuando describe y luego hace un
llamado a todos aquellos que siguen a Wesley
para vivir sus enseñanzas. Sus vidas íntegras
son el resultado de seguir estas marcas.
Harper dice, con razón, que esto nos dará
el anillo de la verdad a nuestra vida diaria.
Luego identifica las 'marcas' o 'prácticas'
que, cuando se siguen, darán como resultado
una vida de rectitud, bondad, paz y gozo. Es
una manera de vivir en la presencia de la
gracia de Dios que Harper aspira para todas
las personas, y es una forma de vida que elijo
para mí mismo*».

—Rueben P. Job

# Cinco
# marcas
# de un
# metodista

El fruto de
una fe viva

Steve Harper

 Abingdon Press
*Nashville*

CINCO MARCAS DE UN METODISTA:
EL FRUTO DE UNA FE VIVA

*Derechos reservados © 2016 por Abingdon Press*

Todos los derechos reservados

16 17 18 19 20 21 22 23 24 25—10 9 8 7 6 5 4 3 2 1
HECHO EN LOS ESTADOS UNIDOS DE NORTEAMÉRICA

# Marcas

# Carácter

Los edificios se mantienen erguidos porque se construyen sobre fundamentos sólidos. Sin un buen fundamento, podrán durar un tiempo pero no se mantendrán erguidos por muchos años. De esta manera entendió Juan Wesley que el Metodismo podría comenzar y permanecer vital en cuanto se edifique sobre un buen fundamento. En su tratado titulado *El carácter de un metodista*, publicado en 1742, describe las características de un fundamento sólido.[1] Juan Wesley las llama las «marcas distintivas» —el fundamento que mantendrá firme a una persona o grupo metodista y los sostendrá por generaciones.

Wesley no entendía estas marcas de forma aislada o sectaria, sino más bien como una vida de discipulado vivida en relación a los principios de la Escritura y las prácticas que todo cristiano ha seguido desde los tiempos de Jesús. Wesley no tenía la intención de crear un movimiento separatista dentro del cuerpo de Cristo, aunque se le acusara de hacerlo. Como el líder espiritual sabio que era, sabía que el Metodismo, como cualquier otro movimiento, no podría continuar su existencia si era solamente la expresión de una breve experiencia con Dios. No importa lo genuino de esa experiencia, deberán de darse otros factores si una persona o grupo debe mantener viva su relación con Dios. Por tanto, en *El carácter de un metodista*, Wesley nos proporciona una fundación sólida en el principio del movimiento metodista, en particular, y una que es imprescindible para cualquier persona que siga a Cristo.

Vivimos en un momento de la historia orientado en torno a las experiencias personales. Con razón nos sentimos atraídos a personas, lugares y cosas las cuales J. B. Phillips ha llamado «el círculo de verdad» —una marca de autenticidad y relevancia. En un mundo donde hablar no cuesta nada y se falsifica el carácter, queremos asegurarnos de que nos entregamos a algo que es real. Cuando lo vemos, estamos dispuestos a investirnos en él y normalmente hacemos esto mediante una experiencia con significado profundo. Sin embargo, pronto nos damos cuenta de que necesitamos algo más para sustentar ese encuentro original. De hecho, aprendemos que no somos capaces se mantener ese fervor que sentimos al principio, porque algunas de estas experiencias no pueden prevalecer para siempre. En vez, debemos de dedicarnos a una vida de intención que nutre y expresa lo que nos llevó a iniciar estas experiencias.

Juan Wesley se encontró así mismo en una situación y momento similar. Entre los años de 1733 y 1738 estaba supervisando a un grupo creciente de cristianos que querían vivir de acuerdo con el evangelio y querían hacerlo de manera que se rindieran cuentas unos a otros. Para el año 1742, este grupo de personas se convirtieron en un grupo identificado dentro de la iglesia universal. Anglicanos, cuáqueros, puritanos, presbiterianos, luteranos, católicos romanos y cristianos no-denominacionales le buscaron para que les guiara espiritualmente.

Parte de este movimiento se produjo en la afueras de Londres y más allá de la capacidad de Wesley de supervisar todo lo que estaba ocurriendo. Con anticipación de lo que pronto se convertiría en la Conferencia Anual —la reunión anual de líderes que oraban para discernir qué era lo que debían de creer, enseñar y hacer— Wesley escribió un documento fundamental titulado *El carácter de un metodista*, con el propósito de delinear las pautas básicas para ese metodismo en crecimiento.

Su documento original es una joya para nosotros. En él Wesley menciona cinco marcas que confirman nuestra identidad como discípulos genuinos y fructíferos, como seguidores de Cristo:

1. Un metodista ama a Dios
2. Un metodista se regocija en Dios
3. Un metodista da gracias
4. Un metodista ora sin cesar
5. Un metodista ama a su prójimo

Ofrezco este breve libro para darle la oportunidad a los lectores de meditar en cada una de estas características para que, con una actitud de oración, las apliquen en su peregrinaje con Jesús. Si usted es parte de la familia global metodista o wesleyana, de la lectura de este libro obtendrá un conocimiento y apreciación mayor por la razón de seguir a Jesús y el cómo hacerlo. Si usted está situado en otra parte del cuerpo de Cristo, podrá adquirir una fundación sólida que le ayudará a fortalecer su vida espiritual, una fundación consistente en las cinco marcas que, cuando actúan juntas, Juan Wesley las llamó *carácter*.

Steve Harper

# 1

# UN METODISTA
# AMA A DIOS

*«¿Cuál es entonces, el sello?*
*¿Quién es metodista, por su propia convicción?»*
*Yo contesto: Metodista es quien tiene el amor de Dios*
*derramado en su corazón por el Espíritu Santo que le fue*
*dado;…*

—*El carácter de un metodista,* parágrafo 5

# Un metodista
# ama a Dios

*Maestro, ¿cuál es el gran mandamiento en la Ley? Jesús le dijo:*
*Amarás al Señor tu Dios con todo tu corazón, con toda tu alma y*
*con toda tu mente. Este es el primero y grande mandamiento.*

—Mateo 22.36-38

En el centro de nuestra vida cristiana, hay a dos grandes mandamientos: el mandato de amar a Dios y el mandato de amar a las otras personas. Directa o indirectamente, todo lo demás emerge de esta forma de amar. Juan Wesley sabía esto. Él se había impregnado en la tradición cristiana, la cual, en sí misma, estaba enraizada en el amor. Por tanto, escribió que el discípulo ama a Dios[1]. Al comenzar con el amor, Wesley conecta el acenso de ese metodismo temprano con la esencia del evangelio —con las propias palabras de Jesús y con la motivación central de todo lo que aconteció entre el siglo I y el siglo XVIII. No había otra forma posible de comenzar un movimiento, despertar o avivamiento cristiano aparte del sendero del amor. Wesley lo sabía; nosotros debemos reconocerlo también.

Nuestra vida en Cristo comienza con el hecho de que amamos a Dios. Somos como Pedro, sentados con Jesús en la orilla (Jn 21.15-19) y oyéndole hacer la pregunta tres veces: «¿Me amas?» No hay otra forma de comenzar la vida de fe o el peregrinaje del discipulado. Jesús tiene que preguntarnos más de una vez, como hizo con Pedro, por qué tendemos a desviarnos de esta realidad básica. Incluso si nos encontramos respondiendo que amamos a Dios, la repetición de esa pregunta nos obliga a mirar bajo la superficie de nuestra respuesta para ver si decimos la verdad.

«¿Me amas?» Jesús centra nuestro entendimiento del amor en relación a un mundo que proclama amar todo tipo de cosas. Algunos de estos amores son ilegítimos y deben de enfrentarse a Jesús. Pero incluso cuando abrazamos amores genuinos, debemos permitir a Dios preguntarnos si estos amores fluyen desde ese centro divino o si son una colección casual de afectos profundos. La pregunta «¿Me amas?» no es la forma que Jesús tiene de excluir otros amores si no más bien su forma de uniformar todos nuestros amores dentro de una relación supernatural y santa. Y como Jesús dijo en referencia al amor a Dios como el primer mandamiento, es el amor que nos une (nuestro corazón, nuestro ser y nuestra mente) para formar una persona unificada. Como dice Parker Palmer, ya dejamos de estar divididos.[2]

En distinta manera, el amor a Dios era la nota clave y tema central de Juan Wesley durante su vida y ministerio. Lo vemos continuamente en su sermón «El cristianismo bíblico» (1744) donde coloca el fundamento del amor de Dios de forma similar a lo que dice en *El carácter de un metodista*. Cuando examina a los primeros cristianos en el día de Pentecostés, Wesley notó, «Esta es, por tanto, la esencia de la fe para el pecador, la evidencia divina del amor de Dios el Padre».[3] Esta es una manera interesante de expresar este pensamiento, porque «el amor de Dios el Padre» puede significar el amor de Dios por nosotros o nuestro amor a Dios. Juan Wesley quería que esos primeros metodistas lo entendieran de ambas maneras, primeramente, recibiendo el amor de Dios en nuestros corazones a través del Espíritu Santo y, después, respondiendo a ese amor al promulgar los dos grandes mandamientos.

No hay día más grande en la vida cristiana que el día en que descubrimos que la salvación significa integridad. No significa simplemente el ir al cielo cuando morimos; significa vivir abundantemente mientras estamos aquí. Pero para que esto ocurra, dice Jesús —dice Wesley— debemos de amar a Dios. Al recibir el amor de Dios primeramente (1 Jn 4.19), amamos a Dios en respuesta a todo lo que somos y tenemos. Lo hacemos en relación a cada aspecto de nuestra vida. Lo hacemos todos los día y a todas las personas. Esta marca es la primera y más fundamental de un discípulo.

Sin embargo, ¿qué clase de amor es el que Jesús menciona? ¿Qué clase de amor quiere Wesley que los metodistas, y todos los cristianos, tengan? Los griegos tenían cuatro palabras para describir el amor: *fileo, eros, storge* y *agape*.[4] La vida cristiana incluye los cuatro y está comprometida a éstos. Pero la palabra que se utiliza para describir la esencia y fundamento del amor de Dios es agape. De manera diferente a las otras tres palabras, esta calidad de amor se basa en el amante, no en la persona que recibe el amor. De hecho, la otra persona puede no ser fácil de amar. Esa otra persona puede que no quiera nuestro amor —o por lo menos puede aparentar no quererlo. Sin embargo, con agape nosotros amamos de todas maneras.

Así es, exactamente, como nos ama Dios, y muchos de nosotros hemos experimentado este tipo de amor. Hemos experimentado lo que Carlos Wesley llamaba un «amor maravilloso»[5] y John Newton llamaba «sublime gracia»[5]. Esto es lo que Pablo quería decir cuando escribió, «Pues Dios muestra su amor para con nosotros, en que siendo aún pecadores, Cristo murió por nosotros» (Ro 5.8). En el pasado puede que hallamos ridiculizado la idea de Dios, huido de la divina presencia de Dios, o escupido en la cara de Dios, pero lo que recibimos a cambio de parte de Dios es amor —que se describe en la Biblia como amor fiel, lealtad, misericordia, paciencia, perdón y redención por nombrar algunos atributos. Ahora nos damos cuenta de que si el amor de Dios fuera algo diferente al amor agape, ninguno de nosotros estaríamos presentes. Todo este fundamento hubiera sucumbido hace ya mucho tiempo.

Sin embargo…aquí nos encontramos. Seguimos vivos. No se nos ha destruido por el pecado; somos salvos por medio de la gracia. La luz derrotó a las tinieblas. No podemos alejarnos de Dios sin encontrarnos con Dios. Esto es lo que Juan Wesley y otras personas llamaron la gracia preveniente, ese amor que conmueve al escritor del himno a decir, «¡Oh! Amor que no me dejarás, descansa mi alma siempre en ti». ¡Dios nos ama en gran manera![6] Y nada puede separarnos de ese amor (Ro 8.35-39). Sólo la palabra agape puede describirlo —la clase de amor más radical. Incondicional. Imparable. Infinito. ¡Increíble!

La primera marca o señal del discipulado no es un llamado a amar más sino a recibir el amor de Dios. La capacidad de amar a Dios proviene de Dios. Esto no es un esfuerzo de desarrollo personal, no es una intensificación de nuestra devoción a través de una versión espiritual de esforzarnos más. El llamamiento a amar a Dios no se ofrece a ninguna persona sólo a Dios. El deseo de responder con amor es un deseo que Dios ha puesto en nosotros. Como lo expresa Eugene Peterson,

> Primeramente Dios. Dios es el sujeto de la vida. Dios es fundamental para vivir. Si no tenemos un sentido de la primacía de Dios, no lo entenderemos correctamente, no entenderemos la vida correctamente ni nuestra vida. No poner a Dios en los márgenes, no poner a

Dios como una opción, no poner a Dios en los fines de semana. Dios es el centro y la circunferencia. Dios lo primero y lo último; Dios, Dios, Dios.[7]

Uno de los peligros más grandes de la espiritualidad contemporánea cristiana y, otras formas, es mantener el enfoque en la propia persona —el ego.[8] Y lo que es particular de la egolatría es que nos deja creer en Dios y admitir que amamos a Dios, pero siempre bajo nuestras propias condiciones —sin importar cuán sofisticadas o sutiles sean las declaraciones. La señal de una fe egoísta es orientar nuestro amor en términos de beneficio personal, incluso nuestro amor de Dios. El «salirse con la suya» se convierte en algo más que un eslogan de un restaurante de comida rápida; se convierte en un lema de vida. Sin embargo, el amor que los evangelios describen, y el amor que Wesley afirma, es radicalmente diferente.

Nos damos cuenta enseguida que este amor no es un amor natural; es supernatural. Si fuera por nosotros, sólo amaríamos a las personas que nos caen bien. Amaríamos a otras personas que nos devuelven ese amor. Amaríamos por lo que podemos recibir a cambio —ya sea a corto plazo o a largo plazo. El llamado de Wesley a amar es uno al que respondemos, «No puedo hacer esto por mí mismo». Y esta respuesta es la que esperaba del pueblo que se llama metodista: personas que renuncian a toda pretensión de amar desde su propio ser, y quienes reciben la invitación a amar desde la fuente de la gracia. Manifestamos nuestro amor a través de *fileo*, *eros* y *storge*, pero la simple fuente del amor fiel es *agape* —el amor de Dios que nos posee primeramente, y entonces nos capacita a amar de esa manera en respuesta.

Dios es el objeto principal de nuestro amor agape, pues si Dios no es nuestro primer amor, terminamos amando a Dios por razones propias. Amaremos a Dios por lo que podemos obtener de esa relación. Amaremos superficial y caprichosamente. En vez, debemos de amar como personas que poseen «el amor de Dios derramado en nuestros corazones por el Espíritu Santo».[9]

Al declarar que la primera marca de un discípulo es ser una persona que ama a Dios, Wesley nos invita a adentrarnos en la corriente de la Escritura y tradición; para juntarnos con los primeros seguidores y los subsecuentes santos que han hecho del amor de Dios el deseo de sus corazones, un deseo hecho posible porque estamos hechos a la imagen de Dios; esto es, creados con el deseo y la capacidad de recibir y dar vida. Nuestro incentivo para hacer esto surge de ese primer amor de Dios hacia nosotros. Al considerar el amor de Dios como la primera marca, Wesley nos lleva a adoptar la disposición de nuestro corazón, desde el cual fluye todo lo demás. Y, como él anota, es un amor que hace a Dios el gozo de nuestro corazón. Leamos a continuación estas palabras poderosas de Wesley:

*Dios es el gozo de nuestro corazón, y el deseo de
nuestra alma,
que clama constantemente:
«¿A quién tengo yo en los cielos sino a ti?
   ¡Y fuera de ti nada deseo en la tierra!»
¡Mi Dios y mi todo!
   ¡Tú eres la roca de mi corazón,
   y mi porción para siempre!*[10]

Podemos meditar el resto de nuestra vida en estas palabras. Debemos de leerlas repetidamente, para permitir que
se adentren en lo más profundo de nuestro ser. Anhela-
mos que estas palabras nos saturen. Estas palabras abren las
puertas a todo nuestro ser, comenzando una travesía que
nos traslada de la superficialidad a la sustancia, del principio al fin. Nos movemos del ir a la iglesia los domin-
gos (que no es malo) al cristianismo. Nos movemos de la
membresía (que no es mala) al discipulado. Muchas de las
personas a las que Wesley ministró ya eran miembros de
una congregación. A estas, Wesley exhortó a una vida en
Cristo más profunda, una vida que incluía, pero que trans-
cendía, la identificación institucional.[11] A esas personas
fuera de la iglesia, Wesley llamó a hacerse miembros de una
comunidad cristiana, pero este paso era el medio para un
fin mayor, el fin de amar a Dios independientemente de la
afiliación institucional.

Como podemos ver en la exclamación de Wesley
mencionada, el amor de Dios produce gozo. La iglesia es

necesaria y buena, pero no es perfecta. Si nos estancamos en el amor a la iglesia, eventualmente nos decepcionará y causará dolor. Una profesión de fe es necesaria y buena, pero no constituye la totalidad de la vida cristiana. El nuevo nacimiento es esencial, pero sólo crea bebés espirituales. El nuevo nacimiento es donde comenzamos, no es el fin, que es nuestro discipulado. Si nos paramos en la fe doctrinal, eventualmente nos desanimaremos cuando veamos a otros creyentes debatiéndola incandescentemente y a nosotros mismo viviéndola fríamente. Por esto sólo hay un lugar donde empezar: el amor de Dios. Este es la fuente, la provisión y la vida —de todo discípulo. El amor de Dios es la meta a la que aspiramos y es el medio por el que la alcanzamos. Carlos Wesley plasmó este sentimiento en su música y escribió,

> *Sólo excelso, amor divino,*
>   *Gozo, ven del cielo a nos,*
> *Fija en nos tu hogar humilde,*
>   *De fe danos rico don!*
> *Cristo, tú eres compasivo,*
>   *Puro y abundante amor;*
> *Con tu salvación visita!*
>   *Al contrito corazón.[12]*

## Para meditar

1. En su formación espiritual, ¿cuál de los dos mandamiento le pide más atención? ¿Por qué?

2. ¿De qué manera ve el amor de Dios como el centro orientador de su discipulado?

3. Considere cómo el nuevo nacimiento es el comienzo del discipulado y no el fin. ¿De qué manera se manifiesta esto en su vida?

# 2

# UN METODISTA
# SE REGOCIJA EN DIOS

*«...está siempre gozoso».*

—*El carácter de un metodista,* parágrafo 6

# Un metodista
# se regocija en Dios

*No os entristezcáis, porque el gozo de Jehová es vuestra fuerza.*

—Nehemías 8.10

Cuando uno de mis mejores amigos me envía una nota personal o un mensaje electrónico, siempre termina con las siguientes palabras: «En el gozo del Señor». Para él, la frase es mucho más que una manera feliz y despreocupada de terminar un mensaje. Captura el espíritu de vivir según la Biblia. Mi amigo ha vivido mucho y profundamente en Dios. Él y su familia han experimentado los altibajos de la vida, éxitos y fracasos, alegrías y tristezas. Pero en un día determinado, si recibo un mensaje de este mentor, es probable que termine con las palabras «En el gozo del Señor».

En medio de la corriente de los santos cristianos, Juan Wesley incluyó el gozo en la primera marca del discipulado cuando dijo: «Dios es el gozo de su corazón». Pero en lugar de dejar las cosas aquí, hizo que el regocijarse en Dios fuera la segunda marca del discipulado. Nos muestra que el gozo (como todo lo demás) fluye del amor de Dios, pero en lugar de mezclarse en el amor en algún tipo de forma amorfa, el gozo sobresale en sí mismo como evidencia inconfundible de que vivimos como discípulos de Jesús. Con el eco de las palabras de Nehemías al pueblo, Wesley nos dice: «El gozo del Señor es vuestra fortaleza».

De adolescente en la década de 1960, durante el movimiento de derechos civiles, yo era demasiado joven para salir de casa y unirme a los que cantaban, marchaban, sufrían y morían por la libertad. Leí todos los escritos que pude encontrar de Martin Luther King Jr. incluyendo *La fuerza de amar*.[1] Martin sabía lo que todos los santos han aprendido: que se necesita fuerza para amar, y la expresión primordial de la fuerza es el gozo. Esta es una de las razones por las que el movimiento de derechos civiles incluía tanto sermones como canciones. Es por eso que el principio del movimiento metodista incluye a Juan, el predicador, y a Carlos, el escritor de himnos. *El carácter de un metodista* es un tratado que comienza y se desarrolla como un sermón, pero termina con una canción. Antes de que Jesús y sus discípulos salieran del aposento alto y se dirigieran a Getsemaní, cantaron un himno (Mt 26.30).

¿Qué papel juega el gozo en nuestro seguir a Cristo? Simplemente esto: el discipulado es una respuesta de toda la vida a la gracia. Cometemos un error cuando definimos la vida espiritual sólo en términos de sus dimensiones religiosas. No alcanzamos a comprender lo que Dios nos ofrece cuando nos limitamos al nivel cognitivo. El gozo es la palabra usada por los cristianos de cada época para describir la respuesta integral que hacemos de todo nuestro ser al amor de Dios. Es por eso que Wesley hizo del gozo la segunda marca de un discípulo. Y desde aquella simple palabra *gozo*, prosiguió para definirla incluso más.

Comienza con la felicidad. Dice que un discípulo «está feliz en Dios». Wesley fue educado en el pensamiento clásico, que entiende la felicidad en términos del concepto griego de *eudemonismo*. No deje que la extrañeza de esta palabra lo intimide. Es la razón por la que Wesley se apresuró a nombrar el gozo como una marca del discipulado. Lejos de ser una emoción pasajera o superficial que sólo se produce cuando conseguimos lo que deseamos, la «felicidad» clásica es una palabra profundamente ética que significa la cosecha de una vida entregada a la justicia. El vínculo de ser amados por Dios y amar a Dios a cambio produce una calidad de vida que sólo se puede encontrar en una relación con Dios. Pero cuando ocurre, la felicidad es la vida que emerge de la virtud y la bondad. Para Wesley, la felicidad de este tipo era tan poderosa y transformadora que usó la palabra para comenzar cada una de las Bienaventuranzas en su traducción del Nuevo Testamento. Para él, era la marca distintiva de la palabra más frecuentemente usada: *bienaventurados* (o benditos). La *Common English*

*Bible* (Biblia en inglés común) también traduce las Bien-aventuranzas con el término: «Felices son los que tienen el corazón puro, porque ellos verán a Dios.…Sean llenos de gozo y alégrense, porque tienen una gran recompensa en el cielo» (Mt 5.8, 12).

Cuando tenemos esta felicidad, tenemos paz —una paz basada en el hecho de que el amor perfecto (la unión del amor de Dios por nosotros con nuestro amor por Dios) echa fuera el temor (1 Jn 4.18). El gozo es una marca del discipulado que nos da confianza y valor. Este es un ingrediente esencial porque mientras evaluemos nuestra vida cristiana en términos de lo que otros piensan de nosotros, viviremos con miedo. El amor perfecto es la génesis de la valentía —una valentía arraigada en el amor— una valentía que nos llena de gozo. Es diferente de una espiritualidad fuera de lugar, que presume de ser valiente y profética cuando en realidad es solamente desagradable. En lugar de esto, vivimos en paz gozosa al saber que cuando somos fieles a Dios no sólo vivimos como Dios quiere, sino también lo hacemos con la actitud correcta.

E. Stanley Jones hizo este tipo de felicidad una de las cualidades esenciales de su mensaje. Mediante el uso de palabras muy similares a las de Wesley, escribió: «No es mera casualidad que el gozo sigue al amor. El gozo se deriva del amor».[2] Relata una ocasión en que pasó por un lugar en Los Ángeles que tenía este letrero:. *Jones Jolly Joint* [Jones tugurio de la alegría]. Comentó que «se rió y dijo: 'Ese soy

18

yo en el interior'».[3] A Wesley le hubiera gustado esa forma
de expresarlo, porque el gozo que tiene en mente para los
discípulos viene de muy adentro —de la morada del Espíritu Santo, que produce el fruto del Espíritu en y a través de
nosotros, empezando con el amor, y luego el gozo— gozo
con la paz y la paciencia.

La base de nuestro gozo, Wesley escribe, es la expiación,
el momento y el proceso en el que somos reconciliados con
Dios. La muerte de Jesús en la cruz es la prueba objetiva
del amor de Dios (Ro 5.8) y, porque él murió por nosotros,
podemos vivir para él. Podemos hacer esto porque sabemos
que nuestros pecados han sido perdonados. Wesley observó
que el discípulo se regocija por la liberación «del horrible
foso» con «todas sus rebeliones deshechas como una nube».
Aquí se encuentra la base de nuestra seguridad, y aquí se
encuentra la motivación para nuestra disposición a perdonar a los demás.

Es por ello que clamamos en la oración del Señor:
«Perdónanos nuestras deudas, como también nosotros
perdonamos a nuestros deudores» (Mt 6.12). La palabra
*como* nos lleva en más de una dirección. Significa en formas
que son comparables. Y oramos así: «Ayúdanos a perdonar
a los demás de manera similar a como Dios nos perdona».
También puede significar simultaneidad. Y entonces
oramos así: «Al experimentar el perdón de Dios, danos el
deseo de perdonar a los demás». ¡Somos un pueblo perdo-

nado por Dios y perdonamos por Dios! Esta reconciliación con Dios, y con los demás, es la fuente de nuestro gozo.

Esta seguridad se convierte en el incentivo de nuestra esperanza. Wesley dice que nuestra redención no sólo proporciona bendiciones presentes, sino que también nos da una visión de «la gloria que será revelada» (1 P 5.1). Una vez más, basado en las ideas de Pedro, Wesley llama a esto una esperanza *viva*. Es una experiencia de Dios que no se pospone sino que es real en el momento presente. La anticipación no produce aplazamiento. Y todo esto, Wesley escribe, es para *mí* —no en el sentido egoísta, sino en el sentido de que se aplica únicamente a todos y cada uno de nosotros. Al igual que las huellas digitales que nos hacen ser hijos e hijas de Dios únicos e irrepetibles, se nos ha dado un alma también con una huella única —no sólo la vida de Dios en el alma humana, sino la vida de Dios en *mi* alma. Wesley tuvo una conversación con el ministro moravo August Spangenburg a su llegada como misionero en Georgia. Spangenburg preguntó a Wesley si sabía que Jesús era su salvador. A lo cual Wesley respondió: «Yo sé que él es el salvador del mundo». Pero Spangenburg no dejó que terminara ahí. Y le volvió a preguntar: «Pero, ¿sabes que él te ha salvado a ti?» Wesley respondió afirmativamente, pero más tarde escribió en su diario: «Me temo que eran palabras vanas».[4] El Espíritu de Dios comenzó a moverse en el corazón de Wesley, mostrándole que Dios no está interesado en una relación vaga e impersonal, sino en una relación

20

de corazón a corazón, de vida a vida que se conecta con las personas únicas que somos. Sobre esta base, podemos empezar cada día de nuestras vidas «con el gozo de Dios». Un discípulo se regocija en Dios. Carlos Wesley tomó esta convicción y lo puso en música:

*¡Regocijaos el Señor es Rey!*
  *A vuestro Señor y Rey adorad*
*mortales, dad gracias y cantad*
  *y triunfad siempre.*
*Ensalzad vuestros corazones, Ensalzad vuestra voz;*
  *regocijaos; otra vez digo, regocijaos.*[5]

## Para meditar

1. Reflexione en la frase «el discipulado es una respuesta de toda la vida a la gracia». Mencione dos o tres ideas que le vienen a la mente.

2. Responda a la declaración, «El gozo es la marca del discipulado que nos da confianza y valor».

3. ¿Por qué cree que la reconciliación con Dios es crucial para dar a nuestro gozo su significado correcto?

# 3

## Un metodista da gracias

«*Y quien tiene su esperanza así... da gracias en todo*».

—*El carácter de un metodista,* parágrafo 7

# Un metodista
## da gracias

*¡Gracias a Dios por su don inefable!*

—2 Corintios 9.15

La tercera marca de Wesley es que los discípulos, o metodistas, den gracias. Si bien podríamos pensar de estas marcas como «simples», no podemos decir que sean fáciles. De hecho, algunas expresiones de las marcas son imposibles de hacer por nuestra cuenta. Ninguna de las marcas se pueden alcanzar si no contamos con la gracia de Dios. Observamos esto ahora porque Wesley utiliza las palabras de Pablo para describir la tercera marca: «Dad gracias en todo, porque ésta es la voluntad de Dios para con vosotros en Cristo Jesús» (1 Ts 5.18). Llevo más de cincuenta años en el peregrinaje cristiano y cada vez que leo estas palabras las sigo encontrando admirables.

No es que el hecho de dar gracias sea una acción a la que nos resistimos. Pero Pablo dijo que debemos hacerlo «en todo». Wesley dijo lo mismo en el tratado, y enfatizó este punto cuando escribe: «En consecuencia recibe todo con alegría diciendo: 'La voluntad del Señor es buena'». En un nivel profundo de la fe que a veces es inaccesible para mí, creo que estas palabras son verdaderas. Pero algunos días, cuestiono la marca —a veces profundamente.[1] ¿Cómo hemos de dar gracias «en cada situación», cuando algunas situaciones parece que no provienen de la voluntad de Dios, sino del abismo del mismo infierno? No hay forma de eludir esta reacción en la vida de discipulado, porque nos sucede a todos nosotros tarde o temprano, directa o indirectamente. Tenemos buenas razones para comenzar este capítulo preguntando a Wesley: «Juan, ¿qué es lo que nos quieres decir?»

Desafortunadamente, Juan no proporciona una respuesta plenamente satisfactoria. Pero, por supuesto, nadie la tiene o la puede contestar. Sabemos que Wesley no era una persona idealista o excesivamente optimista (como sus palabras y anotaciones en su diario lo indican claramente). No era un cristiano ingenuo, y no tenía el más mínimo interés en lanzar un movimiento emocional. Así leemos y aplicamos *El carácter de un metodista,* en general, o esta tercera marca, en particular, bajo un contexto del realismo. La tercera marca está conformada por varios elementos clave.

En primer lugar, Wesley observó con razón que la *gratitud* es la respuesta del cristiano a Dios. La gratitud es la respuesta a la gracia. Anne Lamott lo hace bien en su libro *Help, Thanks, and Wow* [Ayuda, gracias, wow], cuando muestra cómo el dar las «gracias» es siempre nuestra primera respuesta cuando reconocemos que Dios nos ha ayudado.[2] Su convicción es similar a la exhortación de Pablo y a la tercera marca del discipulado de Wesley. Wesley practicó esta característica cada sábado en su vida de oración.[3] Después de orar los seis días anteriores meditando sobre los dos grandes mandamientos (amar a Dios y amar al prójimo) y el espíritu de entrega que les acompaña, Wesley llegaba al sábado reconociendo que la gracia de Dios se había manifestado en su vida tanto en lo grande como en lo pequeño. Cada sábado examinaba retrospectivamente la semana anterior para reconocer las providencias de Dios, y para expresar su gratitud por todo lo recibido. Esto lo expresó que en estas palabras (actualizadas):

> Oh Dios, creador y soberano Señor de los cielos y la tierra. *Tú*, Padre de los ángeles y de la humanidad. Tú, Dador de vida y Protector de tus criaturas, acepta misericordiosamente este mi sacrificio matutino de alabanza y acción de gracias, que deseo ofrecer, con toda humildad, a tu divina majestad.[4]

Continúa relatando lo que podríamos llamar las bendiciones más generales que había recibido, y luego pasa a las acciones más concretas de la bondad de Dios dirigidas a él. Cada sábado por la noche, seguía con el mismo tema de la gratitud en sus oraciones, y se hacía preguntas precisas para examinarse introspectivamente en cuanto a su gratitud:

1. ¿He asignado un tiempo para agradecer a Dios las bendiciones de la semana pasada?

2. Con el fin de percatarme más de estas bendiciones, ¿he considerado seria y deliberadamente las circunstancias en las que las recibí?

3. ¿He considerado cada una de ellas como una obligación a un amor mayor y, en consecuencia, a una santidad más estricta?[5]

Cuando nos detenemos a recordar que Wesley oró de esta manera cíclica semana tras semana durante más de sesenta años, podemos ver cómo las palabras de la oración eventualmente se convierten en una vida de oración, y cada semana de su vida culmina con una respuesta de gratitud.

En segundo lugar, cuando tomamos en cuenta toda la vida y ministerio de Juan Wesley, nos encontramos con que la gratitud se basa en la naturaleza de Dios, no en las circunstancias que se estaban produciendo en su vida en un momento dado. Sin tratar de resolver el problema del mal o justificar las razones del sufrimiento, Wesley buscó establecer las bases de la bondad —la naturaleza de Dios, que es amor. Él estaría de acuerdo con la parábola de la cizaña y el trigo de Jesús, que las malas hierbas las siembra en el mundo «un enemigo», no Dios (Mt 13.28). Wesley negaría la declaración de las compañías de seguros que los huracanes, inundaciones y otros desastres son «actos de Dios». En cambio, vería toda forma de maldad como una violación de la voluntad de Dios. Ni los gérmenes ni las granadas revelan al mundo la intención de Dios. Puede ser que nunca sepamos por qué suceden estas cosas, pero sí sabemos que Dios no es el autor del mal. Podemos encontrarnos atrapados en la red del misterio cuando tratamos de entender los azares de la vida, pero siempre podemos estar seguros de que Dios no se complace en las cosas malas que nos suceden a nosotros o a cualquier otra persona.

A menos que pasemos tiempo en esta práctica espiritual de la gratitud, nunca encontraremos la tercera marca del discipulado dentro de nosotros. Charles L. Allen fue durante muchos años el pastor principal en la Primera Iglesia Metodista Unida en Houston, Texas. Durante su ministerio, fue posiblemente el pastor metodista más conocido en el mundo. Tuve la oportunidad de hacer algunas preguntas al Dr. Allen cuando él era uno de los principales oradores de la conferencia anual de ministerio en la universidad donde yo enseñaba. «¿Cuál es el problema principal que ha tenido que hacer frente a lo largo de los años de su ministerio?» Sin vacilar un momento, respondió: «El problema principal que he tenido que enfrentar es la noción equivocada que muchas personas tienen de que Dios está enojado con ellas». Observó que mientras las personas se vean a sí mismas en presencia de un Dios enojado, Dios nunca podrá convertirse en una parte sustancial de sus vidas.

Juan Wesley estaría de acuerdo, y es por eso que fundó su teología y su ministerio en el amor. Mientras que pensamos que Dios está enojado con el mundo, y más específicamente enojado con nosotros, nos mantendremos a distancia de Dios. Como Adán y Eva, vamos a pasar a la clandestinidad cuando Dios se acerca. Pero en lugar de esto, recordemos que Dios los buscó, los llamó a salir de su escondite y proporcionó prendas para cubrir la vergüenza de su pecado. Eso es lo que Dios hace. Eso es lo que hace el amor, y es la base para la acción de gracias.

La vía del amor es lo fundamental cuando Wesley declara que un discípulo «recibe todo con alegría». Únicamente podemos hacer esto cuando nos damos cuenta de que, sin importar lo que ocurra, no estamos solos. Únicamente podemos hacer eso cuando reconocemos que Dios obra para librarnos del mal, que es exactamente lo que rogamos cada vez que rezamos el Padrenuestro. También es lo que el propio Wesley experimentó tarde en su vida cuando enfrentó la muerte. Al principio, su mayor temor había sido el miedo a morir. Pero cuando le llegó a la hora, sus últimas palabras fueron: «¡Lo mejor de todo es que Dios está con nosotros!» Y murió dando gracias.

Por lo tanto, como discípulos damos gracias —no por lo que nos pasa, sino por el hecho de que nada puede pasarnos a nosotros aparte de la presencia de Dios con nosotros. Esto es lo que Pablo quiso decir cuando dijo que nada «nos podrá separar del amor de Dios, que es en Cristo Jesús, Señor nuestro» (Ro 8.39). No recibimos a todas las personas y todas las circunstancias porque todo es bueno; las recibimos y aceptamos porque Dios está presente en todo, listo y dispuesto a venir en nuestra ayuda. Dar gracias es la razón por la que Wesley pudo decir, utilizando de nuevo las palabras de Pablo, que como discípulo «he aprendido a contentarme, cualquiera sea mi situación» (Flp 4.11). Se trata de la acción de gracias que combina la fe con el realismo.

Wesley desarrolla aún más la tercera marca de un discípulo al mostrar que la acción de dar gracias es un medio que nos conduce fuera de la ansiedad. Ya que Dios es bueno, podemos poner todas nuestras ansiedades sobre Dios (cf. 1 P 5.7). No tenemos que llevar el peso de la ansiedad en sí o la carga de tratar de averiguar por qué algo nos pasa. Dios nos cuida. Dios sabe. Dios da la gracia. Vivimos con el sustento que estas afirmaciones nos dan. La acción de gracias es la evidencia de que estamos alojados en el amor con Dios.

Antes de pasar a la siguiente marca del discipulado, Wesley conecta la acción de gracias con las formas en que oramos como discípulos. En resumen, podemos orar por cualquier cosa y por todo, porque sabemos que estamos llevando nuestras peticiones a Aquel que nos ama. Es maravilloso cuando nos damos cuenta de que vivimos en la realidad de que nunca interrumpimos a Dios. Nunca somos una molestia para Dios. Esto sólo aumenta nuestra acción de gracias. Nos damos cuenta con gozo que no importa cuán grande o pequeño sea lo que nos acontezca, no importa si es de día o de noche, no importa si entendemos o no lo que sucede, siempre podemos «llevarlo al Señor en oración». La disposición total de Dios es una fuente poderosa de acción de gracias.

Cuando tomamos distancia de las particularidades de esta marca como Wesley la describe, vemos que la acción de gracias es la respuesta cabal que damos a la vida. Es la comprensión diaria de las palabras del escritor del himno, «Aunque el mal parece a menudo tan fuerte, Dios es todavía el gobernante».[6] Podemos describir esto filosóficamente y, de manera general, pero la mayoría de nosotros lo experimentamos de forma concreta. Conocemos a personas que expresan en sus conversaciones actitudes o sentimientos negativos. Conocemos a personas que se acercan a la vida más como un problema que debe ser enfrentado en vez de verla como una gloria para ser vivida. Si lo hacen una y otra vez, ya no buscaremos su compañía.

Pero por otro lado hay personas que se despiertan cada día con ganas de vivir un día más, y lo hacen con la creencia de que Dios es bueno y suficiente, que está presente y vivo. Son optimistas, no ingenuos; de hecho, algunos de ellos viven con debilidades personales, dificultades económicas y tensiones familiares que van más allá de lo que otros enfrentamos. Pero esperamos verlos o saber de ellos porque sabemos que van a vivir en la vida, no fuera de ella. Esta tercera marca del discípulo es más que tener pensamientos positivos o una disposición agradable —aun cuando las dos actitudes son encomiables. Wesley, por otra parte, elogia la profunda respuesta a la gracia que produce la visión de la vida que nos lleva a cada día, y hasta el final de la vida misma, dando gracias por haber tenido el privilegio de vivir en esta tierra. Un discípulo da gracias. Carlos Wesley expresó esta actitud con este escrito,

> *Divinidad encarnada: que toda la raza rescatada*
> *te rinda su vida en gratitud*
> *Por tu gracia redentora.*
> *La gracia se reveló a los pecadores,*
> *proclaman los coros celestiales,*
> *y claman, «¡Salvación a nuestro Dios*
> *Salvación al Cordero!»*[7]

## Para meditar

1. ¿Dónde ha encontrado más difícil el dar gracias? ¿Algunos de los elementos clave en este capítulo le ayudaron con esta dificultad?

33

2. ¿Cuál es su idea dominante de Dios? ¿Cómo le ha ayudado a dar forma en su discipulado?

3. ¿Dónde, en este momento de su vida, se cruzan la acción de gracias y la oración?

# 4

# UN METODISTA
## ORA SIN CESAR

*En verdad ora siempre sin cesar.*

—*El carácter de un metodista,* parágrafo 8

# Un metodista
# ora sin cesar

*Exhorto ante todo, a que se hagan...oraciones...por todos los hombres.*

—1 Timoteo 2.1

El discipulado es, ante todo, una relación entre Jesús y nosotros. Es una realidad viva descrita en Juan 15 como la conexión que existe entre la viña y los pámpanos. Seguimos a Cristo, aprendemos de él, y le servimos como sus amados hermanos y hermanas. Para aclarar esto, Jesús les dijo a los apóstoles: «Ya no os llamaré siervos, porque el siervo no sabe lo que hace su señor; pero os he llamado amigos, porque todas las cosas que oí de mi Padre os las he dado a conocer» (Jn 15.15).

Juan Wesley describió este cambio en términos de su propia experiencia, refiriéndose a ella como el movimiento de pasar de ser siervo a ser hijo.[1] Él no quiere decir que la servidumbre se abandona, sino que se coloca en un nuevo contexto. El discipulado se mueve de la regulación a la relación, de lo impersonal a lo personal. La obediencia ya no se caracteriza por mantener la fe, sino por seguir a Jesús —permaneciendo en él como una vid se une a una rama. Esto no es una disminución de la fe, sino solamente un trasplante en nueva tierra.

Cada relación se establece y mantiene por la comunión y la comunicación, por lo que no es ninguna sorpresa que Wesley describa la vida cristiana cuando habla de la oración, de esta cuarta marca del discipulado. La oración es la forma en que creamos y mantenemos nuestra relación con Dios. Juan Wesley ve la oración como un medio de gracia. Dice que «los medios importantes son [a continuación menciona la oración primero]: la oración, ya sea en privado o en la gran congregación».[2] Su punto de vista se basa en la revelación de las Escrituras y el testimonio de la tradición cristiana, una visión tomada de las palabras del mismo Jesús en Juan 15, donde expresa que dice lo que oyó del Padre y transmite lo que escuchó. ¿Cómo escuchó Jesús lo que decía el Padre? Seguramente fue en sus propios momentos de oración. ¿Cómo hace Jesús para que nosotros sepamos lo que ha escuchado? Sin duda, es en los momentos en que pasamos en oración con él.

No hay un orden fijo para estas marcas, pero tiene sentido poner la oración después del amor de Dios, nuestro regocijarnos en Dios, y nuestra acción de gracias a Dios.

Si nada más, al hacerlo en este orden, nos recuerda que la oración es una respuesta a Dios. Este es el misterio, pero el hecho es que cada vez que oramos, respondemos de alguna manera a una acción previa del Espíritu en nosotros. Se suele decir: «Tengo que orar más», pero la verdad es que necesitamos responder mejor. Dios nos habla y se nos manifiesta constantemente; somos nosotros quienes nos movemos dentro y fuera de esa realidad. El corazón de un discípulo es un corazón atento, y dedicarnos a la oración es la principal manera de confirmar nuestra voluntad de escuchar a Dios. Luego ponemos en acción lo que hemos oído.

Como sacerdote en la Iglesia de Inglaterra, Juan Wesley hizo esto dentro de la infraestructura del *Book of Common Prayer* [Libro de oración común]. Lejos de constituir un ritual estéril, está lleno de palabras con las que *oramos*, no sólo que regurgitamos. Y mientras lo hacemos, día tras día, a lo largo de nuestras vidas, las oraciones escritas se convierten en oraciones de vida. Una mirada al *Book of Common Prayer* revela rápidamente que las oraciones allí incluidas surgen de la Biblia misma, nos guían en oraciones que no se nos ocurrirían por nuestra propia cuenta, y nos permiten orar formal e informalmente con estructura y espontaneidad. Nos dan un orden de oración diaria,[3] de oración semanal, y la oración que sigue la historia de la salvación del año cristiano. Desde la infancia, la formación espiritual de Juan Wesley fue forjada por este tipo de oración. Y, como ya hemos visto, usó oraciones litúrgicas cuando otros le pidieron que les enseñara a orar.

Usted puede sentir o no atracción por la oración litúrgica como su forma preferida de orar, pero todos debemos aprender a orar de formas que nos mantengan arraigados en las Escrituras, que nos abran a las ideas e intercesiones que no se limiten sólo a nuestras experiencias, y que establezcan un modelo pero que permitan, al mismo tiempo, explorar nuestras propias necesidades para encontrar nuestra expresión. Este tipo de oración, sea cual sea el estilo, nos puede ayudar a lidiar con pensamientos erráticos, y nos puede sostener con oraciones precisas cuando pasamos por momentos de aridez espiritual.

Cuando Juan Wesley escribió *El carácter de un metodista*, estas dinámicas formativas probablemente ya estaban en su mente, porque él había estado orando de esta manera durante décadas. Incluso en su descripción de un discípulo: «En verdad ora siempre sin cesar y sin desmayar», Wesley, naturalmente, iba a ver la oración incesante (con o sin los sentimientos que la acompañan) como una manera de orar siempre a través de la oración litúrgica. Pero está claro que las oraciones formales eran sólo la base de la infraestructura para una vida más elevada de oración que expresan otros tipos de oración. Juan Wesley oró con palabras y en silencio. Oró solo y con los demás. Oró cuando quería hacerlo y cuando sentía que sus oraciones no surtían ningún efecto. Oró con la inspiración y guía de la Biblia y con la instrucción de la tradición. Wesley oró con toda la gama de emociones.[4]

Claramente, la oración litúrgica no es todo lo que Wesley tiene en cuenta cuando piensa en la oración. Cuando escribió en cuanto a la oración, lo hizo de una manera que muestra que no está comprometido a formatos fijos y tiempos formales:

> En verdad ora siempre sin cesar y sin desmayar. Esto no significa que esté siempre en la iglesia, aunque no pierde ninguna oportunidad de estar allí. Tampoco está siempre de rodillas o con el rostro dirigido al Señor, su Dios, gimiendo o llamándole en voz alta. Porque muchas veces *el Espíritu mismo intercede por él con gemidos indecibles*. Pero en todo momento el lenguaje del corazón es éste: «Tú, luminosidad de la eterna gloria, ante ti está mi boca, aunque sin voz, y mi silencio te habla».[5]

Este tipo de oración combina la formalidad y la espontaneidad, los tiempos fijos y todo tiempo, los tiempos en que estamos conscientes de Dios y los tiempos en que el Espíritu ora por nosotros. Es por eso que Wesley resume la oración con estas palabras: «Ésta es la oración verdadera: el elevar el corazón a Dios. Ésta solamente es la esencia de la oración».[6]

Aquí Wesley se inspira en las imágenes bíblicas de inclinar nuestro corazón al Señor (por ejemplo, Jos 24.23). Al poner toda nuestra atención en Dios, le permitimos a

Jesús que haga exactamente lo que dijo que quería hacer en Juan 15. La imagen de inclinar nuestros corazones (RV) nos presenta un cuadro de la oración como una «ley de la gravedad» espiritual. Con nuestros corazones dirigidos hacia arriba, todo lo que Dios quiera enviar a nuestro camino descenderá directamente a nuestras mentes y corazones. La disposición principal para esto es escuchar, prestar atención por fe que Dios enviará a nuestras vidas lo que Dios quiere que tengamos, como instrucciones e inspiraciones. El elemento crucial en la oración no es lo que decimos a Dios, sino más bien lo que Dios nos dice.

Debemos tener mucho gozo y consuelo en esta manera de entender la oración. Durante las décadas en las que he enseñado la oración, la gente me ha dicho a menudo: «No sé para qué orar», o «No sé qué palabras usar», o «Me da miedo sólo pensar en orar en voz alta, por lo que evito los grupos de oración». Todos estos obstáculos son superados cuando la oración es una disposición de nuestro corazón. Y ya que fuimos hechos a imagen de Dios, con la capacidad y el deseo de relacionarnos con Dios, esa disposición ya está presente. Es lo que los apóstoles expresaron cuando dijeron: «Señor, enséñanos a orar» (Lc 11.1). El desafío de aprender a orar es conectarnos y movernos con esa disposición.

En una iglesia, comenzamos un grupo de oración para hombres. Larry me dijo que vendría, sólo si yo nunca lo invitaba a orar en público, ni que yo esperara que él iba a orar en voz alta en cualquier momento durante la reunión. Le aseguré que respetaría su petición, y que me sentía feliz al saber que quería participar, así fuera en silencio. Yo sabía que una manera de ayudar a las personas a aprender a orar en grupo era colocar libros de oración sobre la mesa, libros que las personas podían utilizar para encontrar una oración que estarían dispuestas a leer durante el tiempo de oración.

Al comienzo, Larry ni siquiera hacía eso. Se sentaba en silencio —un silencio que ahora reconozco como sagrado más de lo que pensé en ese momento. Pero entonces, una mañana, cuando estábamos orando, Larry leyó en voz alta una de las oraciones de un libro. Encontró una que expresaba sus intenciones, y la leyó al resto de nosotros con tanta devoción como cualquiera de nosotros lo hubiera hecho en nuestra oración espontánea —y tal vez incluso más. Una vez que el hielo se rompió, casi siempre hizo lo mismo en las reuniones. De hecho, el uso de los libros sobre la mesa motivó la conversación en el grupo acerca de la oración litúrgica. Quizás no hubiera ocurrido así si la oración no se hubiera iniciado de esta manera.

Y luego, una mañana, mientras que estábamos orando, Larry ofreció sus propias palabras en una sencilla oración de acción de gracias por el día. Cuando más tarde compartió conmigo su viaje por la oración en el grupo, dijo que descubrió (en una atmósfera de seguridad y aceptación) que la oración no era tan complicada como pensaba anteriormente que era. Y llegó un momento en que, después de escuchar a otros hombres orar semana tras semana, se dijo a sí mismo: «Yo puedo hacer eso». En esa ocasión el deseo de su corazón se conectó a su lengua, y Larry oró por su cuenta.

Esto no es un requisito para cualquier discípulo. De hecho, en los evangelios, nunca escuchamos a un discípulo orando. Pero sabemos que oraban. Tal vez una de las razones por las que no tenemos sus oraciones (a pesar de que tenemos algunas de Pablo) es que Dios quería preservar la libertad esencial que se nos da en el llamado a orar. No hay un estilo de oración que encaje para todas las personas. La oración silenciosa es tan santa como la oración hablada. Recitar una oración de un libro de oración es tan sagrado como una oración en una lengua desconocida. Esto se debe a que la oración es la disposición de nuestro corazón hacia Dios. La oración es la convicción santa de que «¡Yo puedo hacer eso!» formada en el deseo fundamental de nuestro corazón de estar en comunión con Dios.

Como Wesley lo demuestra, esta manera de entender la oración no sólo la hace posible para todos nosotros, sino que también la hace posible en cualquier lugar y en cualquier momento:

> En esto nunca tiene dificultad y nada ni nadie interrumpe su actitud. Solo o acompañado, descansando, ocupado o conversando, su corazón siempre está con su Señor. Sea que se acueste o se levante Dios está en todos sus pensamientos. Camina con Dios continuamente,

con el ojo amoroso de su mente siempre fijo en él, y en todas partes *viendo al invisible*.[7]

Wesley sabía que al orar de corazón, es posible participar plenamente en los asuntos del mundo y al mismo tiempo estar atentos a Dios. En esta manera de entender la oración, Wesley se coloca en la línea de los que, como el Hermano Lorenzo, practican vivir en la presencia de Dios en medio de las rutinas diarias.

Descubrimos en la cuarta marca de un discípulo que Wesley nos ha dado una visión y un modelo de oración que es para cualquier persona, en cualquier momento y en cualquier lugar. Así es imposible permanecer atrapados en una actitud mental y decir «yo no sé cómo orar». Al igual que los primeros apóstoles, podemos acercarnos con esperanza al Cristo que ora (quien escucha al Padre y comparte lo que oye con nosotros), y pedirle que nos enseñe a orar, sabiendo que esto es algo que anhele hacer. No hay mayor oportunidad ni privilegio que inscribirnos en la escuela de la oración de Cristo, y seguir a sus mandatos en la vida de oración.[8]

A través de medios litúrgicos y no litúrgicos, a través de expresiones fijas y espontáneas, en grupo o personalmente, Dios nos enseña a orar. Y a medida que continuamos en nuestro peregrinaje de oración, experimentamos el aumento de nuestro gozo, ya que, «¡para esto fui hecho!» Un discípulo ora constantemente. Carlos Wesley elogió esto cuando escribe,

*Orad, sin cesar orad*
  *(Vuestro Capitán lo manda),*
*Sus órdenes, obedeced con alegría,*
  *Y apelad al Señor;*
*A Dios todos vuestros deseos*
  *Desplegad en inmediata oración;*
*Orad siempre; orad y no desmayéis;*
  *Orad, sin cesar orad.*[9]

## Para meditar

1. ¿De qué manera la idea de la oración como una respuesta a Dios afecta la forma en que usted ora?

2. ¿Ha hecho uso de la oración litúrgica? Si es así, ¿la ha encontrado útil para su vida de oración?

3. ¿Qué significa «orar sin cesar» para usted? Y, ¿cómo intenta poner este consejo en práctica?

# 5

## Un Metodista
### ama a su prójimo

«El que *ama a Dios, ama también* a su hermano».

—*El carácter de un metodista,* parágrafo 9

# Un metodista
# ama a su prójimo

*Si alguno dice: «Yo amo a Dios», pero odia a su hermano, es mentiroso, pues el que no ama a su hermano a quien ha visto, ¿cómo puede amar a Dios a quien no ha visto?.*

—1 Juan 4.20

La quinta marca de un discípulo es que amamos a las demás personas. El consumismo se apodera de nuestra espiritualidad como lo hace en casi todo lo demás en la actualidad. Si se dejara a nosotros, fácilmente podríamos convertir el discipulado en una versión religiosa de «¿Qué gano con eso?» Cuando leemos *El carácter de un metodista*, nos damos cuenta de inmediato que la autocomplacencia no es nada nuevo. Era una preocupación que Wesley tenía desde el comienzo del movimiento metodista. Es un problema al que hemos tenido que enfrentarnos desde el Jardín del Edén, cuando Adán y Eva sucumbieron a la egolatría y trataron de ser sus propios dioses. Este pecado originario serpentea a través de los corredores del tiempo, y nos llega en este mismo momento. En consecuencia, la sección más larga del tratado de Wesley es una exposición del segundo mandamiento más importante: el llamado de Dios para amar a nuestro prójimo y a nosotros mismos (Mc 12.33).

Todo lo que Wesley describe en las primeras cuatro marcas quiere ser un manantial de agua viva que puede nutrir a quienes nos rodean, cuando les amamos en el nombre de Jesús. Amamos a Dios, nos regocijamos en Dios, le damos gracias a Dios y oramos a Dios como una manera de formar una comunión personal con Dios que crece en la comisión de vivir para Dios. Tres de las palabras más importantes en la formación espiritual son «a fin de». Leemos la Biblia a fin de_____. Oramos a fin de _____. Adoramos a fin de _____. Servimos a fin de_____.

Esta perspectiva no elude ni minimiza los beneficios personales que estamos destinados a tener en nuestra relación con Dios, pero sí nos mantiene al tanto de la realidad de que recibimos a fin de dar.

El segundo mandamiento se convierte en el conducto para que el amor de Dios fluya a través de nosotros después de que haya fluido en nosotros. Es un amor, dice Wesley, «lleno de amor hacia la *humanidad*, hacia cada criatura del Padre de los espíritus de toda carne». Y para que no pensamos que sólo pensaba en los demás cristianos, Wesley se apresura a decir que se extiende a las personas que no conocemos, y a las personas cuyos estilos de vida no aprobamos. Se extiende incluso a nuestros enemigos. En otras palabras, es la clase de amor (*agape*) que no se da debido a la naturaleza del receptor sino que se da por la naturaleza del dador. Ya hemos explorado este concepto anteriormente, en la primera marca, y Wesley lo trae a colación de nuevo, para que no lo olvidemos. No hay un amor más radical que este tipo de amor —amar a todo el mundo— sin importar de quién se trate y a pesar de todo. Y este tipo de amor es el que Dios exige y el que Wesley nos encomienda.

Así con el primer mandamiento de amar a Dios con todo nuestro corazón, mente y ser, volvemos de nuevo a la necesidad de la gracia si hemos de amar de esta manera. Sin la gracia, amaremos a otras personas con condiciones, y peor aún, ¡estableceremos las condiciones para dar nuestro amor! Cuando esto sucede, nuestro discipulado es impulsado por el ego en lugar de ser dirigido por el Espíritu. El llamado a amar a los demás es un llamado a amar radicalmente —lo que Wesley describe como un corazón puro. Éste es un corazón purificado de

> toda pasión de venganza, de envidia, de malicia, y de ira, como también de toda actitud despiadada o de inclinación maligna. *Le* ha limpiado del orgullo y la *altivez* que provocan contiendas. Como *escogido*, el amor de Dios exhorta a vestirse de entrañable misericordia, de benignidad, de mansedumbre, de paciencia, a tal

punto que en caso de haber discrepado con alguien, so-
porta y olvida, perdonando en la misma forma en que
Dios en Cristo le ha perdonando, haciendo desaparecer
todo motivo de contienda.[1]

Todo este comportamiento tiene sus raíces en nuestra intención, lo que deseamos hacer. Aquí Wesley está
sacando el agua de los pozos del cristianismo primitivo. Por
ejemplo, en la primera *Conferencia* de Juan Casiano, utiliza
la analogía del arquero, que nos recuerda que no podemos
esperar dar en el blanco si primero no estamos apuntando
para tirar. Por supuesto, otros eventos preceden y siguen
cuando apuntamos, pero donde no hay un objetivo, no
hay tiro con arco.[2] Del mismo modo, nuestro discipulado se convierte en lo que nos proponemos que sea. Es
por eso que la vida cristiana recibe su forma fundamental
de los dos mandamientos del amor, la primera y la última
marca del carácter cristiano: «Amarás al Señor tu Dios con
todo tu corazón, con toda tu alma y con toda tu mente...
y amarás a tu prójimo como a ti mismo». (Mt 22.37-39).
Hemos identificado el blanco. Y como Wesley muestra en
esta sección del tratado, es esta pureza de intención la que
activa todo lo que sigue a continuación. Él lo describe de
esta manera:

> *Su* única intención en todo momento y en todas las cosas,
> no es el obrar según su gusto, sino agradar a aquel a quien
> ama su alma. Tiene un solo ojo y porque «cuando tu ojo

es bueno, todo tu cuerpo está lleno de luz» (Lc 11.34). Ciertamente, donde el ojo del alma está continuamente fijo en Dios, no puede existir oscuridad, ya que todo será luminoso, como cuando una lámpara alumbra con su resplandor toda la casa (Lc 11.36).

Para llevar la idea adelante, Wesley cambia la metáfora de la luz a la fruta. Arraigados en el amor de Dios, ahora producimos el fruto de ese amor. La evidencia de que hacemos esto es que guardamos los mandamientos de Dios —«No sólo algunos o la mayoría, sino todos, desde el menor hasta el mayor». Esto no es legalismo. Más bien es la obediencia que fluye de la realización de que cada mandato de Dios es dador de vida. Cada orden de Dios viene con la gracia para llevarla a cabo. Cada orden de Dios viene con la presencia del Espíritu Santo para ayudarnos a cumplirla. Hacemos todo esto, dice Wesley, porque nuestra obediencia está en proporción a nuestro amor —«la fuente de la cual fluye».

En este punto, llegamos al «discipulado vocacional». La palabra vocación es una palabra que muy a menudo se pasa por alto en la formación de la fe y el discipulado. Pero es la palabra bíblica que describe por qué hacemos lo que hacemos, en primer lugar, y define los medios por los que lo hacemos. Somos llamados; es decir, Dios nos habla, y nosotros vivimos en respuesta a lo que oímos. Esa es la esencia de la obediencia —la respuesta a lo que hemos oído. Escuchar bien es el requisito previo para el buen vivir.

Nuestro discipulado no se moldea ni expresa a través de una selección impulsiva de algo bueno de una colección de oportunidades aleatorias. Está moldeado en respuesta a la antigua oración de Samuel: «Habla, Jehová, que tu siervo escucha» (1 S 3.9).

Sin este tipo de «escuchar en oración», podemos desviarnos del camino del discipulado al empezar a improvisar por ese camino, o al vernos abrumados con demasiadas cosas buenas que podríamos hacer. Si nos desviamos de la primera forma, el discipulado se convierte en otro esfuerzo para sentirnos bien, en un esfuerzo de auto-ayuda. Si nos desviamos de la segunda forma, el discipulado se convierte en un minimalismo impulsado por una sensación de futilidad. La mente de Dios tiene otra alternativa para nosotros —la de escuchar que es seguida por una actividad seleccionada y específica.

La oración matutina de Frank Laubach es un ejemplo de la clase de obediencia que Wesley quiere que los discípulos tengan. Así oraba: «Señor, ¿qué estás haciendo hoy en el mundo con lo que yo te puedo ayudar?»[3] La doble sabiduría de su oración lo guió hacia una vida fiel. En primer lugar, la oración le recordaba que Dios obra en el mundo. Dios no espera que actuemos, sino que nos invita a unirnos a lo que ya está ocurriendo. Y en segundo lugar, la oración le recordaba que hay algunas cosas que Dios hace en las que no espera nuestra intervención. Laubach reconocía una especie de plan de distribución espiritual, en el cual se le da a cada discípulo, hombre o mujer, una asignación —una cantidad medible y alcanzable de la voluntad de Dios. E. Stanley Jones tenía una perspectiva similar cuando escribió acerca de ir cada mañana a su «puesto de escucha» para recibir las órdenes de marcha para el día.

Esta asignación —esta parte de vivir el evangelio— se le adjunta más a menudo a la obra que hacemos todos los días. Los santos de los siglos se refieren a esto como la «santidad ordinaria». Se simboliza incluso más en la parte más larga del año cristiano que llamamos «tiempo ordinario». La vemos en el primer llamado de Jesús a los apóstoles, cuando les dijo que les enseñaría a pescar personas (Mc 1.17). ¡Hablaba con pescadores! Esta era su forma de decir: «Toma lo que haces normal y naturalmente y hazlo por mí». De pronto, el discipulado no es un curso para tomar y aprobar, sino que es una ofrenda de la vida que vivimos rutinariamente. Eugene Peterson captura esta idea en su paráfrasis de Ro 12.1 en *The Message* [El mensaje]: «Por lo tanto, esto es lo que quiero que hagan: Tomen su vida cotidiana y ordinaria —dormir, comer, ir al trabajo, y caminar por la vida—y colóquenla delante de Dios como una ofrenda».

Kiefer concibió este tipo de discipulado durante una reunión por la noche con un grupo de parejas. Propuse que nombráramos a los apóstoles. Esto no era demasiado difícil, y en un tiempo relativamente corto pudimos nombrar a los doce. Luego les dije de nuevo: «Nombremos a los apóstoles». Rápidamente la lista se amplió para incluir a Pablo y Junia. Por tercera vez les hice señas para que nombraran los apóstoles. En este punto, las expresiones en sus rostros cambiaron, y trataron de hacerlo lo mejor posible, añadiendo los nombres de Evodia y Síntique a la lista.

Cuando pregunté por cuarta vez por los nombres, hubo un silencio incómodo. Kiefer lo rompió después de unos momentos para preguntarme: «Predicador, ¿qué nos está pidiendo? ¿Quiere que pongamos nuestros nombres en la lista?» En ese momento, por la gracia de Dios, Kiefer agregó su nombre a la lista. Si él estuviera con usted en el momento que usted lee estas palabras, le diría que fue en ese instante en que su discipulado cobró vida de una manera nueva —en el momento en que incluyó su nombre en la lista, comenzó a vivir para Jesús donde estaba y tal como era.

Hasta que nos damos cuenta de que estamos llamados a vivir día a día, y hacerlo en y a través de las actividades ordinarias de nuestra vida, el discipulado nos puede parecer tan difícil que nos sentiremos tentados a conformarnos con ser miembros de la iglesia institucional, en lugar de invertir nuestra vida totalmente en el reino de Dios. Pero cuando nos damos cuenta de que el deseo de Dios es usarnos como Dios nos ha creado, todo cambia. Aun cuando necesitamos la gracia para vivir de esta manera, ahora nuestra vida real se hace santa y la ofrecemos a Dios.

Henri Nouwen describe este tipo de discipulado como vivir «aquí y ahora». Si no lo hacemos así, dijo, la vida espiritual se convierte en una fantasía —una vida en la que podemos imaginar ser espiritual en otro lugar, o en algún otro tiempo, pero no aquí y no ahora. Por el contrario, debemos reconocer y recibir lo sagrado del momento presente y del lugar actual. Con el fin de lograrlo, escribió, «hay que creer profundamente que lo más importante es el aquí y el ahora».[4] Las palabras de Nouwen captan lo que Jean Pierre de Caussade enseñó a través de su frase «el sacramento del momento presente». Wesley vio un ejemplo de este carácter cristiano en la convicción de su madre (extraída de la herencia puritana) de que «cada momento es un momento de Dios».

El motivo de todo lo que Wesley presenta es que «todos lleguemos a la medida de la estatura de la plenitud de Cristo». El discipulado nos conecta con los demás. No podemos dejar de compartir los buenos dones que Dios nos da. Estos incluyen los bienes tangibles que tenemos, y también las cualidades intangibles que nos han hecho lo que somos en Cristo. Por lo tanto, no es sorpresa que la quinta marca de un discípulo no es otra que dar lo que hemos recibido.[5] No debe sorprendernos que Wesley nos exhorta a hacer esto a través de las vidas que vivimos todos los días. Éste es el medio por el cual cumplimos el segundo mandamiento. El discípulo ama a los demás. Carlos Wesley ordena tal amor sencillo y común en estas palabras:

*Considera mi labor para renovar,*
*Y contento de hacer mi parte,*
*Señor, en tu nombre hago mi trabajo,*
*Y con un solo corazón.*[6]

## Para meditar

1. ¿Cómo las palabras «con el fin de que» manifiestan su experiencia interior de Dios en expresiones externas de su fe?

2. ¿Qué ideas le sugiere la analogía que Juan Casiano hace sobre el arquero?

3. ¿En qué punto su discipulado y su vocación se interceptan?

# En sus marcas

Wesley casi nunca terminó sus escritos y sermones sin algún tipo de aplicación práctica. Su conclusión a *El carácter de un metodista* no es diferente. El último párrafo nos muestra lo que él quería que los primeros metodistas hicieran con todo lo que él había escrito. Se basó en el concepto de la divinidad práctica, que significaba que la teoría debía convertirse en práctica —una profesión de fe debe convertirse en una expresión de fe. Hoy a este concepto lo llamamos «la teología viva».

En el último párrafo del tratado, escribe con respecto al espíritu y la actitud que debe caracterizar a los discípulos que abrazan y promulgan estas cinco marcas. En pocas palabras, no debemos pensar que nuestro discipulado nos separa de ninguna manera de cualquier otro cristiano. Estas no son estricta o exclusivamente las marcas de un metodista; son las cualidades de la vida que todo seguidor de Cristo debe exhibir. Y cuando lo hacemos, no sólo deben tener un efecto transformador en nosotros, sino que también deben suscitar una relación con todos los demás creyentes.

Wesley escribió: «Si *alguien* dice que éstos son solamente los principios comunes y fundamentales del cristianismo, le respondemos: pues *bien has dicho*; ésa es la verdad». Y refuerza esta declaración enseguida, añadiendo: «Yo y todos los que siguen mi criterio rechazamos vehementemente el que se nos considere distintos a los *demás* por cualquier cosa que no sea por los principios comunes del cristianismo». Wesley se negó a permitir que el metodismo evolucionara de un movimiento a una denominación durante su vida, en parte, por su creencia de que Dios había llamado al pueblo llamado metodista para ser levadura en la masa del cristianismo, independientemente de su manifestación institucional.

No debemos perder la perspectiva de este punto cuando llegamos al final de nuestra consideración de las marcas de un discípulo. La conclusión de Wesley nos deja con dos verdades importantes. En primer lugar, estamos invitados por Dios para desarrollar nuestro discipulado de manera amplia, no sólo en profundidad. Nuestra identificación con una parte concreta del cuerpo de Cristo es normal, pero llegará el momento en nuestra formación espiritual, en el que sentiremos un tirón del Espíritu Santo para madurar nuestra fe extrayendo de otras tradiciones diferentes a la que hemos elegido. En algún momento de nuestro peregrinaje en el discipulado, se nos invitará a beber de otros pozos.

Desafortunadamente, algunos malinterpretan esta tendencia universal en la práctica de la fe al creer que diluye nuestro carácter como cristianos. Sin embargo, la apertura a otras tradiciones fortalece nuestra fe. Reconoce lo que el escritor de Hebreos quería que la gente de su tiempo supiera, que tenemos *en derredor* una grande nube de testigos (12:1). Tener en derredor significa que podemos mirar en cualquier dirección en la iglesia y encontrar un santo allí que nos anime, nos guíe, nos aconseje, nos proteja y nos apoye. La imagen de la nube es un recordatorio de que estos hombres y mujeres llegan a nosotros a través del cielo (espectro de la luz e historia), que nos dan un discipulado de 360 grados. Cada época y cada tradición aporta algo de valor para nosotros.

La segunda verdad de la conclusión de Wesley es que estamos llamados a bajar las murallas de nuestras identidades particulares sólo lo suficiente, no para eliminar las diferencias válidas sino para estar seguros de que esas diferencias no se conviertan en barreras en nuestro amor por los demás. El mundo en los días de Wesley, y en nuestros días, no sabe, ni le importa, de las diferentes perspectivas mayores y menores que han dado lugar a las miles de denominaciones y organizaciones paraeclesiales. De hecho, nuestra actitud de fijarnos en pequeñeces y discutir por todo confunde y hace que las personas se alejen de la iglesia pues piensan que ésta debe ser y actuar de mejor manera. Nuestro testimonio se ve disminuido por nuestros debates.

Tampoco debemos permitir que las diferencias nos dividan como cristianos. Vivimos en una época en que el cristianismo está cada vez más marginado y caricaturizado por el mundo; no debemos hacer lo mismo entre nosotros. La invitación de Robert Fulghum a «Tomarnos de las manos y permanecer juntos» es una invitación a nosotros.[1] Es el llamado a mantenernos firmes sobre el fundamento en el que no hay sino «un solo Señor, una sola fe, un solo bautismo, un solo Dios y Padre de todos, el cual es sobre todos y por todos y en todos» (Ef 4.5-6). Este tipo de unidad es el corazón del evangelio, y debe ser la vanguardia de nuestra vida en común y de nuestra misión en el mundo.

Cuando perdemos este sentido de unidad, comenzamos a definirnos con palabras descriptivas en lugar de sustantivos. Wesley quiere que veamos que no importa quiénes somos o dónde estamos, todos somos parte de nada más ni nada menos que «del sencillo y antiguo cristianismo».[2] La esencia de nuestro discipulado es permanecer firmemente en Cristo, que nos hace discípulos de Jesús «no de nombre solamente, sino de *corazón* y de *vida*», una vida en Cristo en la que nos conformamos «interior y exteriormente a la voluntad de Dios según está revelada en la Palabra escrita». Desde el punto de vista de Wesley, un discípulo es aquel que «piensa, habla y vive según el 'método' consignado en la revelación de Jesucristo. El alma se renueva conforme a la imagen de Dios, en la justicia y santidad de la verdad. Y 'teniendo la mente de Cristo', camina como Cristo también caminó».

La forma Wesleyana de discipulado es para todos nosotros. Puede tener sus raíces en una denominación particular, pero da frutos que no están limitados a una denominación particular. La forma Wesleyana de discipulado es una manera de seguir a Jesús en el Reino viviente, es el camino que Jesús anunció al comienzo de su ministerio (Mt 4.17) y reveló hasta el día en que ascendió a los cielos (Hch 1.1-8). En la medida en que recibimos y abrazamos las cinco marcas de un discípulo que se encuentra en *El carácter de un metodista*, estaremos viviendo una vida no sólo que Juan Wesley elogiaría, sino de la cual nuestro Señor se sentiría complacido. Un discípulo es un cristiano. Carlos Wesley puso esta convicción en palabras de la estrofa final del himno que Juan puso al final de su tratado:

*Derramen sus almas a Dios,*
   *E inclínenlas de rodillas,*
*Extiendan corazones y manos,*
   *Y oren por la paz de Sión;*
*Sus guías y hermanos lleven*
   *Por siempre en su mente;*
*Extiendan los brazos en ferviente oración*
   *Para alcanzar a toda la humanidad.*[3]

# Notas

## Carácter

1. *Obras de Wesley* V:5.

2. Wesley escribió *The Nature, Design, and General Rules of the United Societies* [La naturaleza, diseño, y las reglas generales de las Sociedades Unidas] en 1738 para ayudar a estructurar a estos grupos iniciales. Rueben P. Job proporciona una clara introducción de este documento fundamental en su libro *Tres reglas sencillas* (Nashville: Abingdon Press, 2008).

## 1. Un metodista ama a Dios

1. Tenga en cuenta que la quinta y última marcas de Wesley en *El carácter de un metodista* es el segundo mandamiento de amar a los demás. Los dos mandamientos del amor son el principio y el final de las cinco marcas, tal y como son el principio y el final de la vida cristiana.

2. Parker Palmer, *A Hidden Wholeness: The Journey Toward an Undivided Life* [La persona oculta: El viaje a una vida indivisible] (San Francisco: Jossey-Bass, 2004), 9.

3. *Obras* I:76.

4. Está más allá del propósito de este libro entrar en detalles acerca de estas palabras griegas. Usted puede ir al Internet y leer más información sobre esas palabras.

5. Respectivamente en el himno de Carlos Wesley «¡Cómo en su sangre pude haber!» (206) y en el himno de John Newton «Sublime gracia» (203) en *Mil Voces para Celebrar* (Nashville: The United Methodist Publishing House, 1996).

6. Trazar esta idea notable por la palabra hebrea *hesed* y por la palabra griega *charis*, también a través de los escritos de Henri Nouwen, sobre todo su libro *Life of the Beloved* [La vida del Amado] (Nueva York: Crossroad, 1992). Del mismo modo, la mayoría de los libros de Brennan Manning nos dirigen hacia el amor sublime de Dios.

7. Eugene Peterson, *Conversations: The Message With Its Translator* [Conversaciones: El mensaje con su traductor] (Colorado Springs: NavPress, 2007), que ahora se llama *Message Study Bible*. [Biblia de estudio Mensaje].

8. Aquí recomiendo los escritos de Richard Rohr, en particular sus libros *Everything Belongs* [Todo pertenece] (New York: Crossroad, 1999), *Falling Upward* [Cayendo hacia arriba] (San Francisco: Jossey-Bass, 2011), and *Immortal Diamond* [Diamante inmortal] (San Francisco: Jossey-Bass, 2013).

9. En el cristianismo clásico uno de los tratados más descriptivos en este asunto es el libro de Bernardo de Claraval *Cuatro grados del amor*. Disponible en varios formatos.

10. *Obras* V:19.

11. Esto no es un fundamento para lo que a veces se llama hoy «cristianismo sin iglesia». Una mirada más amplia a la vida y ministerio de Juan Wesley revela su reconocimiento de la santidad

de la iglesia y su lugar necesario en el reino de Dios; la iglesia es el lugar donde las personas se forman a imagen y semejanza de Cristo. Al mismo tiempo, sabía que hacer la iglesia un fin y no un medio era no entender el concepto del cuerpo de Cristo ni la naturaleza de la vida cristiana.

12. Carlos Wesley, «Sólo excelso, amor divino» en *Obras* IX:243.

## 2. Un metodista se regocija en Dios

1. Martin Luther King Jr., *La fuerza del amor*. (Disponible como descarga gratuita en http://www.accionculturalcristiana. org/pdf/fue_ama.pdf).

2. E. Stanley Jones, *Growing Spiritually* [Crecer espiritual-mente] (Nashville: Abingdon Press, 1978), 134.

3. Ibid.

4. Este es un resumen de una conversación más larga. Ver *Works* 18:145–46.

5. Carlos Wesley, «Rejoice the Lord Is King!» [Regocijaos el Señor es Rey] en *The United Methodist Hymnal*, 716.

## 3. Un metodista da gracias

1. Escribí sobre esto con más detalle en mi libro *Talking in the Dark: Praying When Life Doesn't Make Sense* [Hablar en la oscuridad: Orar cuando la vida no tiene sentido] (Nashville: Upper Room Books, 2007).

2. Anne Lamott, *Help, Thanks, and Wow* [Ayuda, gracias y wow] (New York: Riverhead Books, 2012). La exclamación en inglés «wow» que viene en tercer lugar es un movimiento de la expresión momentánea de agradecimiento a un sentido permanente de gratitud expresada en asombro y maravilla.

3. Juan Wesley, «Una colección de oraciones para cada día de la semana», en *Obras*, IX:1.

4. Ibid.

5. Ibid.

6. Maltbie D. Babcock, «This Is My Father's World», [Este es el mundo de mi Padre] en *The United Methodist Hymnal,* 144.

7. Carlos Wesley, «¡Oh creador, en quien vivimos!» en *Obras* IX, 265.

# 4. Un metodista ora sin cesar

1. Juan Wesley, «On Faith» [Sobre la fe], en *Works* 3:497–98.

2. Juan Wesley, «Los medios de gracia» en *Obras* I:319.

3. En la sección 5 de *The United Methodist Book of Worship* [Libro de adoración metodista unido] (pp. 568–80) también contiene pautas de alabanza y oración diaria.

4. Digo más sobre la vida de oración de Wesley en mi libro *Devotional Life in the Wesleyan Tradition: A Workbook* [Vida devocional en la tradición Wesleyana: libro de ejercicios] (Nashville: Upper Room Books), 41–60.

5. *Obras* V pág 21.

6. Ibid.

7. Ibid.

8. En Lucas 11, Cristo nos da la Oración del Señor, como lo hizo a los primeros apóstoles —una oración litúrgica que podemos orar palabra por palabra, y también un modelo para la oración espontánea.

9. Carlos Wesley, «The Whole Armour of God», [Toda la armadura de Dios] en *Works* 7:401. Observar que este es el himno que Wesley añadió al final de *El carácter de un metodista* (en la versión inglesa y no fue traducido al español), para mostrar que la clase de «carácter» que ha descrito en el tratado nos prepara para vivir una vida de discipulado.

# 5. Un metodista ama a su prójimo

1. *Obras* V:19

2. Juan Cassiano, Libro de conferencias (o colaciones). Diversos formatos en la red.

3. J. Ellsworth Kalas, *The Will of God in an Unwilling World* [La voluntad de Dios en un mundo hostil] (Louisville: Westminster John Knox, 2011), 61.

4. Henri Nouwen, *Aquí y ahora: viviendo en el espíritu* (Ediciones San Pablo, 2002).

5. Wesley no dejó el dar amor en forma vaga o etérea. Un año después de publicar *El carácter de un metodista* (1742), publicó las *Reglas Generales para las Sociedades Unidas*. En este documento clave, Wesley dio lo que hoy llamamos los medios de gracia prudenciales: no hacer daño, hacer el bien, y poner atención a las ordenanzas de Dios. Gracias al libro *Tres reglas sencillas,* por Rueben Job, tenemos una excelente manera de estudiar los medios e incorporarlos en nuestras vidas. Es bueno tener juntos *El carácter*

*de un metodista* y las *Reglas Generales para las Sociedades Unidas* a medida que desarrollamos nuestro discipulado.

6. Carlos Wesley, «For Believers Working»[Para los creyentes que trabajan] en *Works* 7:466.

# En sus marcas

1. Robert Fulghum, *Todo lo que necesito saber lo aprendí en el parvulario* (Barcelona: Plazas Janes Editoriales, 1989).

2. Esta no es una frase superflua, sino elaborada cuidadosamente por Wesley para describir la ortodoxia histórica; es decir, la fe que obra en todos, es comprensible para todos, y aplicable para todos. Es una fe que evita la complejidad por un lado y la superficialidad en el otro.

3. *Works* 9:45 (Poema que en la versión en inglés aparece pero que no se tradujo al español en *Obras*).